AF493609

AVONS-NOUS BESOIN

DE

RELIGION?

Par M. ***

PRIX : 1 FRANC

PARIS
E. DENTU, LIBRAIRE-ÉDITEUR
GALERIE D'ORLÉANS, 15, 17, 19, PALAIS-ROYAL

1879

AVONS-NOUS BESOIN

DE

RELIGION?

AVONS-NOUS BESOIN

DE

RELIGION?

Par M. ***

PRIX : 1 FRANC

PARIS

E. DENTU, LIBRAIRE-ÉDITEUR

GALERIE D'ORLÉANS, 15, 17, 19, PALAIS-ROYAL

1879

INTRODUCTION

La conséquence nécessaire du suffrage universel qui régit aujourd'hui notre société, c'est que nous sommes tous appelés à prendre part aux affaires publiques, ou par nous-mêmes ou par nos délégués : il est donc important que nous sachions tous ce qui doit maintenir l'ordre public et faire le bonheur des particuliers : deux grands objets que doivent se proposer tous les législateurs sérieux et désintéressés.

Un gouvernement, quel qu'il soit, ne peut influer sur le bonheur des individus que par des soins généraux, parce que les sentiments qui naissent du caractère des hommes ou des circonstances de leur situation privée, sont hors de sa dépendance. Il ne peut non plus assurer l'ordre public que par des règles et des institutions applicables seulement aux actions positivement constatées : il faut, de plus, que ces lois embrassent la société d'une manière uniforme, puisqu'elles doivent tendre sans cesse à diminuer le nombre des exceptions et prévenir les abus inséparables des décisions arbitraires.

Les uns disent que la religion est indispensable pour atteindre ce but, parce qu'en montrant la divinité présente à toutes les déterminations, même les plus secrètes, elle exerce une autorité habituelle sur les consciences, assiste à leurs agitations, les suit dans leurs subterfuges, observe également les intentions, les projets, les repentirs, et dans les routes qu'elle parcourt, elle est aussi onduleuse et aussi flexible que la pensée humaine.

Dès lors, s'adressant aux hommes, un

à un, et pénétrant dans le cœur de chacun en particulier, elle donne des consolations et des espérances qui aident à supporter toutes les épreuves; elle offre même des satisfactions jusque dans les revers et les souffrances; et, en combattant peu à peu toutes les erreurs et tous les penchants du cœur humain, elle maintient dans l'ordre et l'obéissance aux lois tous ceux qui écoutent ses leçons.

D'autres disent que les principes religieux sont des ressorts vieillis, qu'on pourrait rejeter sans danger et sans scrupule, pour mettre à leur place un catéchisme de morale politique fondé : 1° sur le devoir de sacrifier l'intérêt personnel et privé à l'intérêt général ou public; 2° sur l'empire des lois et la crainte des punitions, et 3° enfin, sur l'estime et la louange des hommes.

Examinons quels sont ceux qui ont raison, et si, le fait une fois accompli, nous gagnerions quelque chose à cet échange; examinons de plus si les motifs dont on se propose de faire usage peuvent être mis en parallèle avec ceux dont ils doivent prendre la place. Voyons s'ils sont plus solides, plus efficaces, et si la nouvelle doctrine qu'on voudrait faire prévaloir peut maintenir aussi bien l'ordre social, et répandre dans les âmes les mêmes consolations.

Une nation, quelque grande qu'elle soit, n'est en réalité qu'une immense famille, dans laquelle chaque membre doit, selon ses moyens, son état et sa position, concourir au bien général.

Or si, dans une famille, il est des vérités qu'il faut faire connaître à tous ceux qui la composent, de même, dans une nation, tout homme loyal, quelque petit qu'il soit, doit se faire un devoir de prêter le concours de ses lumières et de ses forces, pour empêcher la confusion et le désordre de se mettre dans les idées et dans les esprits.

AVONS-NOUS BESOIN DE RELIGION?

> C'est icy un livre de bonne foy.
>
> (MONTAIGNE.)

On ne connaît pas distinctement l'origine de la plupart des sociétés politiques ; mais au moment où l'histoire nous montre les hommes réunis en corps de nation, on aperçoit en même temps l'établissement d'un culte public, et l'application des idées religieuses au maintien des lois d'ordre et de subordination.

Ce sont ces idées religieuses qui, par la puissance du serment, liaient le peuple aux magistrats, et les magistrats à leurs promesses ; ce sont elles qui inspiraient un saint respect pour les engagements contractés entre les souverains ; ce sont encore ces idées religieuses qui, plus fortes que toute discipline, retenaient les soldats auprès du général ; ce sont enfin ces mêmes idées qui, par leur influence sur les mœurs particulières, produisirent un nombre infini de belles actions et de traits héroïques, dont l'histoire nous a transmis le souvenir : mais comme les dissertations sur les temps éloignés de nous et les divers systèmes qu'on s'efforcerait d'y associer deviendraient une source interminable de controverses, servons-nous du raisonnement tout seul, parce que cette action de l'esprit appartient également à tous les temps, à tous les pays et à tous les individus.

Du reste, il y a quelque chose de faible et de servile dans le secours qu'on demande aux anciennes opinions ; la raison ne doit pas, comme la vanité, se parer de vieux parchemins et déployer un arbre généalogique ; superbe dans sa marche, et fière de sa nature immortelle, elle doit se passer d'ancêtres, emprunter tout d'elle-même, et être contemporaine de tous les âges.

Si nous avons donc recours à la raison toute seule, sans aucune pensée religieuse, pour attacher les hommes à l'observance de la morale et pour contenir les écarts dangereux de leurs passions, on doit se confier nécessairement :

1° Aux rapports qui peuvent exister entre l'intérêt particulier et l'intérêt général, et arriver à la solution certaine que partout, et par tous, l'intérêt général sera préféré à l'intérêt particulier ;

2° A l'empire des lois et à la crainte des punitions, et être sûrs que ces moyens seront assez puissants pour maintenir les hommes dans le devoir ;

3° A l'ascendant de l'opinion publique, et prouver que l'amour de l'estime et de la louange seront des motifs assez pressants pour déterminer les hommes à l'observation de l'ordre public, et leur inspirer l'amour de la vertu.

Examinons, en détail, ces différents motifs.

I

Voyons s'il sera facile de persuader aux hommes qu'ils doivent toujours préférer l'intérêt général à l'intérêt particulier.

Une grande inégalité règne parmi les hommes ; pour les uns, la vie est riche de fortune, de naissance et de talents, tandis que pour les autres elle est pleine de mépris, d'ignorance et de misère ; et quels que soient les efforts et les paroles des utopistes pour effacer ces inégalités, ils n'y parviendront jamais.

Ce contraste habituel de puissance et de faiblesse, d'esclavage et d'autorité, de richesse et d'infortune, de luxe et de misère, tant d'inégalités, tant de bigarrures ne sauraient former un édifice imposant par la justesse de ses proportions.

L'ordre civil et politique n'est donc pas excellent par sa nature, et on ne peut en apercevoir la convenance qu'après avoir fait une étude réfléchie des considérations que les législateurs avaient à ménager, et des difficultés qu'ils avaient à vaincre.

Ce n'est qu'avec le secours de la méditation la plus attentive, qu'on parvient à découvrir comment les relations singulières établies par les lois sociales forment néamoins le système d'équilibre le plus propre à lier ensemble une immense diversité d'intérêts.

Mais que peut sur les esprits vulgaires l'harmonie scientifique de l'ensemble, à côté de ce sentiment journalier d'injustice et d'inégalité, qui naît à l'aspect de chaque partie de la constitution sociale, quand on en prend connaissance d'une manière isolée et circonscrite? Le nombre de ceux qui peuvent rapprocher les anneaux épars de cette vaste chaîne est tellement restreint et borné, qu'on n'est jamais arrivé à les réunir. Dans les sociétés les mieux ordonnées, on ne peut éviter que les uns jouissent sans travail et sans peine de toutes les commodités de la vie, tandis que les autres, en bien plus grand nombre, sont forcés de chercher à la sueur de leur front le pain de chaque jour, ou bien une rémunération très limitée de travaux pénibles et continuels.

On ne peut éviter que, dans les maladies, les uns reçoivent tous les secours que l'empressement et l'intelligence peuvent inspirer et offrir, tandis que les autres sont réduits à aller dans les asiles publics demander les secours que la charité ménage à la souffrance et à la misère.

On ne peut éviter que les uns aient les moyens de donner à leurs enfants tous les avantages d'une longue éducation, tandis que d'autres attendent avec impatience le développement de leurs forces physiques pour les appliquer à un travail lucratif.

On ne peut éviter, enfin, que le luxe et la magnificence soient toujours en présence de la privation, et même de la misère couverte de haillons.

Tels sont les effets inséparables des lois de propriété. Mais, s'il appartient à l'essence des lois de propriété de maintenir constamment des disparités immenses dans la possession des biens ; s'il appartient à l'essence de ces lois de réduire au strict nécessaire la classe la plus nombreuse des citoyens, et de l'y maintenir, le résultat nécessaire et inévitable de cette constitution sera d'entretenir, au milieu des hommes, un sentiment habituel d'envie et de jalousie.

On s'efforcerait en vain de prouver que ces lois sont nécessaires pour exciter au travail, encourager l'industrie, prévenir le désordre et opposer des obstacles aux actes arbitraires de l'autorité ; toutes ces considérations suffisent pour le philosophe, elles suffisent pour fixer l'opinion et la volonté du législateur ; mais elles ne suffisent pas pour l'homme ordinaire condamné au travail et jeté sur la terre sans biens, sans ressources et sans espérances : il ne rendra jamais un hommage libre à la beauté d'un ensemble dans lequel il n'y a pour lui que laideur, abjection et mépris.

Les considérations qu'on appelle d'intérêt général sont susceptibles d'une multitude d'observations, que tous les hommes ne sont pas capables de faire ; il y a beaucoup de principes qu'on a l'habitude de recevoir et de transmettre sans les approfondir ; on ne découvre les idées mixtes dont ils sont composés qu'au moment où on les analyse pour en tirer des conséquences ; de même qu'on n'aperçoit la diversité des couleurs d'un rayon de lumière qu'au moment où, à l'aide d'un prisme, on parvient à le diviser.

L'organisation des lois sociales doit paraître, avec raison, l'une de nos plus admirables conceptions ; mais l'homme qui a un intérêt quelconque à les violer, ne découvre pas ou ne veut pas découvrir le rapport qu'il y a entre ses actions et l'intérêt général.

Voici un exemple à l'appui de notre assertion. Je suppose que le feu prend subitement dans une salle de spectacle au moment de la représentation : il est de l'intérêt général de l'assemblée que chacun sorte avec ordre pour éviter l'encombrement et faciliter le sauvetage ; mais si les personnes les plus éloignées de l'issue croient pouvoir échapper plus tôt au danger en se faisant jour à travers la foule qui les environne, poussées par l'instinct de la conservation, elles se détermineront à cette violence, si une force coërcitive ne vient les forcer à rester à leur place.

Cependant l'utilité commune de s'astreindre à une règle en pareilles circonstances, paraît une idée plus simple et plus distincte que ne l'est, au milieu des sociétés, l'importance universelle de maintenir l'ordre civil. L'autorité des lois civiles n'a rien de décisif pour ceux qui n'ont jamais assisté à leur établissement; et quand même on donnerait aux distinctions héréditaires de propriété l'origine la plus reculée, il n'en est pas moins vrai que les nouveaux venus sur la terre, frappés du partage inégal de son riche domaine et n'apercevant nulle part de limites ni de lignes de séparation tracées par la nature, auraient quelque droit à dire: Mais ce pacte, ce partage, cette diversité de lots, qui procurent aux uns l'abondance et le repos et aux autres le travail avec la pauvreté, nous ne les acceptons pas, nous ne souscrirons à cette législation qui n'est favorable qu'à un petit nombre d'hommes privilégiés, qu'autant que la crainte d'un danger personnel nous y forcera.

Toutes ces dissertations sur la nécessité d'adopter un ordre quelconque de société, et d'en observer les règles, toutes ces idées de juste et d'injuste, tous ces principes généraux de morale sont très beaux en théorie, mais comme ils sont particuliers pour nous et qu'ils nous sont nuisibles, nous n'en voulons pas.

Quel respect, en effet, devons-nous à ces hommes que la nature a formés nos égaux, à ces hommes sortis comme nous d'une terre insensible pour y rentrer avec nous et s'y perdre à jamais dans la même poussière? Ils n'ont imaginé les lois de la justice que pour être des usurpateurs plus tranquilles; qu'ils descendent donc de leur haute fortune, qu'ils se mettent à notre niveau, ou bien qu'ils nous présentent un partage moins inégal. Jusque-là, nous aurons des raisons légitimes pour être les ennemis d'un ordre civil dont nous nous trouvons si mal; jusque-là nous ne comprendrons pas comment, au milieu de tant de biens qui nous font envie, c'est au nom de notre propre intérêt que nous devons y renoncer et vivre dans la misère.

Il ne serait pas facile de combattre ces sentiments, en cherchant à leur faire comprendre la vanité de tous les plaisirs, l'illusion de la plupart des objets qui captivent notre ambition, et les ennuis qui marchent à leur suite. Ces réflexions, sans doute, ont leur puissance et leur efficacité; mais elles ne peuvent être adressées avec fruit qu'aux âmes préparées aux sentiments doux et élevés par les idées plus ou moins confuses de la religion et par une bonne éducation. Elles sont impuissantes auprès de l'homme malheureux et jaloux qui a rejeté loin de lui toutes les espérances et tous les sentiments élevés; c'est la passion du moment qui l'entraîne, et comme la raison elle-même a besoin, à chaque instant, du secours de l'imagination, il ne peut plus être encouragé, ni par les exhortations de ses amis, ni par ses propres réflexions.

Du reste, si on peut soutenir, en général, que les lots de bonheur et de malheur sont plus égaux qu'on ne pense; si on peut avancer, avec des motifs raisonnables, que le travail est préférable à l'oisiveté; si on peut dire, avec vérité, que les embarras et les inquiétudes accompagnent souvent la richesse, on doit convenir en même temps que ces axiomes ne sont parfaitement justes qu'aux yeux des moralistes qui prennent l'homme dans un grand espace, et qui sont le calcul de toute une vie ; mais au milieu du cours journalier des désirs et des espérances, il est impossible de vouloir exciter au travail par l'espoir de la fortune, et de médire en même temps de cette fortune, en dédaignant les plaisirs et les commodités qu'elle procure.

Les idées subtiles, sans excepter celles qui sont susceptibles d'être défendues, ne peuvent jamais être applicables aux circonstances actives; et si on se sert quelquefois avec succès de ces sortes de réflexions pour adoucir les regrets, c'est qu'on n'a plus alors qu'à combattre contre des ombres.

Enfin, quand même on réduirait en préceptes toutes les réflexions connues sur l'illusion de la plupart des supériorités d'état et de fortune, on ne saurait empêcher que les esprits les plus grossiers ne fussent continuellement frappés de l'inégalité extérieure des différents marchés qui ont lieu entre le riche et le pauvre : le pauvre sacrifie son temps et ses forces pour multiplier autour du riche les satisfactions de tout genre, et celui-ci, lorsqu'il donne en échange la plus étroite subsistance, ne s'impose aucune privation, puisque l'étendue de ses besoins physiques est bornée par les lois de la nature; l'égalité n'est donc rétablie que par la lassitude et l'ennui qui naissent de la jouissance même des plaisirs.

Mais ces dégoûts composent le lointain dans le tableau de la vie; le peuple ne les aperçoit pas, et comme il n'a senti que les besoins pendant toute sa vie, il ne peut se former aucune idée des langueurs que produisent les diverses satiétés.

On dira, peut-être, que si les distinctions de propriété sont un obstacle à l'établissement d'une morale politique, il y aurait un moyen bien facile de le faire disparaître, ce serait de décréter l'abolition des lois existantes et de proclamer le partage égal de toutes les propriétés à tous les citoyens; c'est ce que veulent ceux qui s'appellent radicaux, socialistes, nihilistes, réunis en corps dans l'Internationale dont les ramifications s'étendent non seulement dans toute l'Europe, mais encore dans les deux Amériques. A l'appui de notre assertion, qu'on nous permette de citer ce que nous avons lu dans un journal socialiste de Genève, *le Révolté :*

« Considérant :

« 1° Que tout homme, en sa qualité d'homme, a droit dès sa naissance à une égale satisfaction de ses besoins et à l'égal développement de toutes ses facultés jusqu'à ce qu'il soit en âge de se suffire à lui-même par son travail ;

« 2° Qu'il y a pour la société un intérêt majeur, vital, à ce que chacun de ses membres soit mis par le développement *maximum* de ses forces cérébrales et musculaires en mesure de produire tout ce dont il est capable ;

« Considérant d'autre part :

« 1° Que l'appropriation individuelle du sol et des autres capitaux a pour effet nécessaire de mettre le plus grand nombre dans l'impossibilité de subsister et de se développer en dehors de l'étroite limite où il peut convenir à la minorité propriétaire et capitaliste ;

« 2° Que ce mode d'appréciation n'est pas moins contraire à l'intérêt qu'à la justice, en enlevant à la production tout le capital qu'il peut plaire à quelques-uns de laisser improductif ou de consommer improductivement ;

« Les soussignés déclarent :

« 1° Que les frais d'entretien, d'éducation et d'instruction intégrale et professionnelle de tous les enfants sans distinction doivent être mis à la charge de la société, représentée momentanément au moins par les communes ;

« 2° *Que le sol et les autres instruments de production, c'est-à-dire tout le capital tant mobilier qu'immobilier*, doivent être repris par la société et *rester propriété indivise et inaliénable de la société et de la nation pour être mis à la libre disposition des groupes producteurs ;*

« Et, attendu que les libertés de presse, de réunion et d'association font partie du programme républicain, sont d'essence républicaine :

« *Ils somment la République de l'heure présente d'avoir à les proclamer immédiatement, sans restriction.* »

(4 septembre 1879).

Si jamais les hommes honnêtes, par faiblesse, par illusion, par indifférence ou par apathie laissaient dominer ces idées, s'ils laissaient arriver au pouvoir ceux qui les représentent et qui les prêchent, on verrait dans la société des désordres tels qu'on n'en a pas encore vus sur la terre.

Ce serait le retour subit à l'état sauvage ; car les paresseux et les débauchés voulant devenir les propriétaires d'un bien acquis par d'autres à force de sobriété, d'économie et de travail, les possesseurs, à leur tour, n'étant plus protégés par des lois, se défendraient eux-mêmes, et repoussant la violence par la violence, la vie de l'homme serait une lutte continuelle et souvent ensanglantée.

Mais supposons que dans un monde idéal on ait introduit la division exacte des différents biens estimés par les hommes : pour maintenir un système réel d'égalité, il faudra que chacun exécute fidèlement les devoirs imposés par la morale universelle, puisque c'est la part de chacun aux sacrifices de tous qui doit dédommager chaque citoyen en particulier des privations auxquelles il se soumet lui-même. Pensez-vous que ce soit là la pensée et le désir de tous ceux qui désirent le partage universel? Pensez-vous que cet équilibre puisse se maintenir longtemps?

Les débauchés et les paresseux, en vertu de la liberté individuelle, se livreront à tous les plaisirs, se refuseront à tout travail tant que durera la part qui leur sera échue dans le partage; et comme ils seront sûrs d'en trouver toujours chez les autres, quand ils n'en auront plus, ils s'insurgeront contre la société toutes les fois qu'ils seront dans le besoin. Les hommes économes, intelligents et rangés, d'autre part, sachant que les lois ne les garantiront plus contre ces pillages réguliers, abandonneront leurs industries et tomberont dans le découragement; et ainsi, à bref délai, ce sera la ruine des arts, des sciences, de l'industrie, du commerce et de l'agriculture, enfin l'anéantissement complet de la société actuelle.

Voilà le but que poursuivent tous ces hommes déclassés, qui veulent arriver à la fortune sans travail, et qui, ne pouvant arriver par eux-mêmes, cherchent à séduire le peuple, — dans les clubs par des promesses pompeuses, dans les écrits périodiques par des excitations acharnées contre tout ce qui représente l'ordre et le respect de la société, — espérant, par là, arriver à leurs fins; mais une fois leur but atteint, ils ne manqueront pas de rejeter loin d'eux, comme un instrument usé et embarrassant, les dupes qui les auront aidés à monter au pouvoir.

Jusqu'à présent, nous avons étudié l'effet qu'on peut attendre du catéchisme de morale politique de la part des personnes éclairées; mais la classe la plus nombreuse de la société, c'est celle qui est composée d'individus dénués de propriétés, et dépourvus des talents qui peuvent y suppléer.

Ces hommes obligés de recourir à un travail journalier, n'ont pas le temps d'étudier ; ils ne peuvent non plus envoyer leurs enfants dans les lieux publics d'instruction que pendant un temps très limité, parce qu'ils ne peuvent subvenir aux besoins de la famille qu'en les faisant travailler aussitôt que leurs forces physiques sont développées.

Donc, que nous le voulions ou que nous ne le voulions pas, le lot héréditaire de la plus grande partie des citoyens sera toujours l'ignorance et la pauvreté.

Cependant, si tel est l'effet inévitable de notre législation civile et politique, comment pourrons-nous arriver à astreindre les hommes, indistinctement, par une instruction compliquée et par un long raisonnement? Il ne suffirait pas alors de donner des appointements aux instituteurs, il faudrait encore payer les écoliers, parce que, pour les gens du peuple, le temps c'est de l'argent, et leur unique moyen d'existence.

Mais la morale n'est pas, comme toutes les autres sciences humaines, une connaissance qu'on soit libre d'acquérir plus ou moins lentement; l'instruction la plus prompte est encore trop tardive, puisque l'homme a le pouvoir physique de faire du mal avant que son esprit soit en état de s'adonner à la réflexion et d'enchaîner les idées les plus simples. Ce n'est donc pas un catéchisme politique qu'il faut destiner à l'instruction du peuple; ce n'est pas un cours d'enseignement fondé sur les rapports de l'intérêt personnel ou privé avec l'intérêt général ou public qui peut convenir à la mesure de son intelligence; et quand une pareille doctrine serait aussi juste qu'elle est susceptible de contradictions, on ne pourrait jamais en rendre les principes assez distincts pour la mettre à l'usage de tous ceux dont l'éducation ne dure pas longtemps.

Il faut donc trouver un moyen qui se trouve approprié à la situation du plus grand nombre par son action rapide, qui persuade avec célérité, qui émeuve en même temps qu'il éclaire, qui rende sensible tout ce qu'il recommande. C'est là précisément ce que fait la morale religieuse. Elle parle au nom d'un Dieu créateur, moteur universel de toutes choses; il est donc facile d'inspirer à un homme, quel qu'il soit, du respect pour Celui dont la puissance éclate tous les jours et de toutes parts aux yeux des enfants comme aux yeux des hommes faits, aux yeux des ignorants comme aux yeux des savants.

On nous dira, peut-être, que l'idée d'un

Dieu est la plus incompréhensible de toutes, et que si on peut faire découler des leçons utiles d'un principe aussi métaphysique, on doit attendre bien davantage des principes et des préceptes qui sont appuyés sur les rapports communs de la vie.

La connaissance distincte de l'essence d'un Dieu créateur du monde, est sans doute au-dessus de l'intelligence des hommes de tout âge et de toutes facultés; mais il n'en est pas de même de l'idée vague d'une puissance céleste, qui punit et qui récompense. L'autorité paternelle et la faiblesse de l'enfance préparent de bonne heure aux idées d'assujettissement et d'empire; du reste, le monde est une si grande merveille, un théâtre si continuel de prodiges, qu'il est aisé de lier de bonne heure la crainte et l'espérance au sentiment d'un être suprême.

Aussi, au lieu de détourner du respect et de l'adoration qui lui sont dus, l'infinité d'un Dieu, créateur et moteur de l'univers, prête une nouvelle force aux idées religieuses; très souvent l'homme demeure froid au milieu des découvertes de sa raison, tandis qu'il est très facile à émouvoir quand on s'adresse à son imagination ; parce que cette action de notre esprit nous excite à une action continuelle, en découvrant à nos yeux un grand espace et en nous tenant toujours à une certaine distance du but ; c'est là ce qui explique pourquoi les femmes se portent avec plus de facilité vers les idées religieuses que les hommes : leur imagination étant plus active et plus vive, leur lot dans la vie étant en général la faiblesse et la souffrance, elles trouvent là un aliment plus fort à toutes leurs aspirations, et un soutien dans leurs souffrances et dans leurs chagrins.

Reprenons la suite de nos réflexions, et plaçons ici une observation importante : c'est que les abus successifs de la force et de l'autorité, en bouleversant tous les rapports qui existaient originairement entre les hommes, ont élevé, au milieu d'eux, un édifice tellement artificiel, et où il règne tant de disproportions, que l'idée d'un Dieu y est devenue plus nécessaire que jamais pour servir de nivellement à cet assemblage confus de disparités de tout genre ; et si jamais on pouvait se prêter à imaginer l'existence d'un peuple soumis uniquement aux lois d'une morale politique, il faudrait se représenter une nation naissante, qui serait contenue par la vigueur d'un patriotisme encore dans sa jeunesse, une nation qui occuperait un pays où les richesses n'auraient pas eu le temps de s'accumuler, où la distance des habitations contribuerait au maintien des mœurs domestiques, où l'agriculture, cette occupation simple et paisible, constituerait la principale ambition ; mais dans le monde tel qu'il est aujourd'hui, dans ce monde où l'accroissement des richesses augmente continuellement la différence des fortunes et la distance des conditions ; où nous sommes serrés les uns contre les autres, où il y a cent et peut-être mille prétendants pour une seule place, où la misère et la magnificence se trouvent sans cesse en présence, il faut de toute nécessité une morale soutenue par la religion pour contenir ces nombreux spectateurs de tant d'objets d'envie, et qui, placés si près de tout ce qu'ils appellent le bonheur, ne peuvent jamais y prétendre.

On nous demandera peut-être, à la suite de ces réflexions, si la religion qui affermit tous les liens et qui fortifie toutes les obligations, n'est pas favorable à la tyrannie? La religion console toutes les afflictions, adoucit tous les maux qui naissent du despotisme; mais elle n'en est ni l'origine, ni le soutien; quand elle est bien entendue, elle ne prête son appui qu'aux idées d'ordre et de justice; elle apprend encore à l'homme dans quels moments et dans quelles circonstances l'amour de soi et l'amour du bien public doivent se réunir ou se séparer.

Le bien public, comme toutes les idées abstraites, n'a point de configuration précise; pour la plupart des hommes, c'est une mer sans rivages, et il ne faut pas beaucoup d'adresse et de subtilité pour venir à bout d'y confondre toutes nos convenances.

On peut s'en faire une idée en considérant avec quelle facilité les hommes savent rapprocher d'une qualité le défaut habituel de leur caractère; celui qui blesse sans ménagement toutes les personnes qui l'approchent, se croit amplement excusé en se donnant la note de de franchise et de courage ; celui qui est timide dans ses sentiments ou lâche dans ses paroles, se targue de prudence, de réserve et de circonspection ; celui qui court après les honneurs et les emplois lucratifs, se persuade et cherche surtout à persuader aux autres qu'il veut seulement être utile à sa famille, à la société, et faire dominer son opinion politique qu'il croit excellente ; enfin, chacun est habile à faire le point de jonction qui unit sa passion dominante à une vertu.

En réfléchissant un peu, on ne saurait se représenter sans une sorte de dégoût et même d'épouvante, une société politique dont tous les membres ne seraient contenus que par une prétendue connexion de leur intérêt particulier avec l'intérêt général.

Que de juges isolés ! quelle multiplicité innombrable d'opinions, de sentiments et de volontés ! Si on laissait aux hommes la liberté de faire de pareils calculs, tout serait en confusion ; il leur faut absolument une idée simple pour règle de conduite, surtout lorsque toutes les applications de cette règle sont diversifiées à l'infini.

Mais avec les idées religieuses, tout change de face. Dieu, donnant ses lois sur le mont Sinaï, n'a besoin que de dire : tu ne déroberas pas ; et avec l'idée imposante de ce Dieu, que tout rappelle dans la nature, que tout imprime dans le cœur de l'homme, ce commandement abrégé conserve en tous les temps une autorité suffisante.

Au contraire, si la morale politique vient me dire : tu ne déroberas pas, il faut qu'elle ajoute à ce précepte une foule de raisonnements sur les lois de propriété, sur l'inégalité des conditions et sur les divers rapports de l'ordre social ; il faut, pour me persuader, qu'elle parcoure tous les motifs, qu'elle réponde à toutes les objections, qu'elle repousse toutes les attaques ; il faut de plus qu'après toutes ses leçons, l'esprit le plus grossier puisse être mis en état de suivre les diverses ramifications qui joignent, disjoignent et réunissent de nouveau l'intérêt personnel à l'intérêt public.

Quelle entreprise ! C'est peut-être, en

dernière analyse, vouloir employer un cours d'anatomie pour diriger un enfant sur le choix des aliments qui lui conviennent, au lieu de le laisser conduire par les conseils et l'autorité de sa mère.

Les mêmes remarques sont applicables à toutes les vertus dont l'observation est essentielle à l'ordre public; quelle route le simple raisonnement n'aurait-il pas à parcourir pour persuader à un célibataire qu'il ne doit pas enlever à un époux le cœur de sa femme ! Où lui assignerait-on un dédommagement distinct du sacrifice de sa passion ? Quels détours encore ne serait-on pas obligé de suivre, pour démontrer à un ambitieux qu'il ne doit pas calomnier en secret son rival; à un avare solitaire, ou armé d'indifférence contre l'opinion publique, qu'il doit être intègre et disposé à faire l'aumône toutes les fois que l'occasion s'en présente; à un génie ardent et vindicatif, qu'il ne doit pas obéir aux sentiments qui le pressent; à un homme dans le besoin, qu'il ne doit pas toucher au bien des autres ? Et combien d'autres positions offriraient les mêmes difficultés et de plus grandes encore !

Les idées abstraites les mieux ordonnées ne peuvent jamais s'emparer de nous que par le plus long chemin, puisque le propre de ces sortes d'idées est de dégager le raisonnement de tout ce qu'il y a de sensible, de frappant et d'une impression rapide ; d'ailleurs, la morale politique, comme tout ce qui vient uniquement de l'esprit, serait toujours pour nous une simple opinion, opinion que nous aurions le droit d'appeler à chaque instant au tribunal de notre raison.

Les leçons des hommes ne sont jamais que la représentation de leur jugement, et le sentiment des uns n'entraîne pas la volonté des autres. Il n'est même aucun principe de morale qui, sous des rapports absolument humains, ne soit susceptible d'exception ou de quelque modification ; et il n'y a rien de si composé que la liaison de la vertu avec le bonheur chez le même sujet.

Enfin, tandis que notre esprit a de la peine à saisir et à distinguer clairement cette union, les objets de nos passions sont partout apparents et tous nos sens en sont préoccupés : l'avare voit de l'or et de l'argent partout ; l'ambitieux a toujours devant les yeux les honneurs qu'on décerne aux autres ; le débauché n'aperçoit que les objets de sa luxure; la vertu n'a pour elle que le raisonnement.

Comment pourra-t-elle se maintenir au milieu de tous les dangers qu'elle rencontrera tous les jours sur sa route? Il lui faut un motif fort et puissant pour l'encourager dans les luttes qu'elle aura à soutenir.

La religion remplira admirablement ce but, en montrant à l'homme les consolations présentes et futures qui seront la récompense de ses efforts.

Aussi, dans un gouvernement où l'on voudrait substituer une morale politique à une éducation religieuse, il deviendrait indispensable de garantir les hommes de toutes les idées qui pourraient exalter leur esprit; il faudrait les détourner des différentes rivalités qui excitent leur amour-propre et leur ambition ; il faudrait les éloigner de la société habituelle des femmes ; il faudrait encore abolir l'usage des monnaies, cette image attrayante et confuse de toutes sortes de biens; enfin, en enlevant aux hommes leurs espérances religieuses, et en les privant ainsi des encouragements à la vertu qui naissent de leur imagination, il faudrait empêcher de toutes ses forces que cette imagination ne servît plus à seconder les vices et toutes les passions contraires à l'ordre public. Télémaque put visiter, sans faire aucune chute, et la cour fastueuse de Sésostris et les demeures enchanteresses de Calypso, parce qu'une divinité l'accompagnait partout et veillait sur tous ses pas.

Il est surtout un âge, le plus beau comme le plus assuré de la vie, où l'on ne saurait se passer de l'autorité d'un guide; il faut, pour traverser avec sûreté les jours orageux de la jeunesse, des principes qui nous commandent et non des réflexions qui nous conseillent: celles-ci n'ont de puissance qu'en proportion de la vigueur de l'esprit, et l'esprit n'est formé que par l'expérience et par le long combat des idées.

Les instructions religieuses saisissent notre imagination et intéressent notre sensibilité, ces deux brillantes facultés de nos premières années; aussi, quand même on parviendrait à établir un cours de morale politique, assez bien étayé par le raisonnement pour protéger contre le vice l'homme éclairé par la maturité de l'âge, une semblable philosophie ne saurait convenir à la jeunesse, parce qu'une pareille armure serait trop pesante pour elle.

Les leçons de la sagesse humaine, qui ne peuvent nous dominer dans l'ardeur de nos passions, sont encore insuffisantes au moment où nos forces étant abattues par la maladie ou par la souffrance, nous ne sommes plus en état de saisir la diversité des rapports qui nous régissent: tandis que la religion, par son langage doux et plein d'émotion, nous accompagne partout, et jusque dans la dégradation successive de nos facultés, pour nous attendrir et calmer nos souffrances.

Enfin, les instructions religieuses rassemblent tous les moyens propres à exciter les hommes à la vertu, sans négliger néanmoins de leur indiquer les rapports qui existent entre l'observation des lois de la morale et le bonheur de la vie.

Quand de bonne heure on avertit le peuple que les vices et les crimes conduisent au malheur sur la terre, ces enseignements ne font une longue impression sur lui qu'autant qu'on réussit à le convaincre de l'influence habituelle d'une providence sur tous les évènements de ce monde.

Avec les idées religieuses, il devient inutile de démontrer que les principaux avantages dont les hommes paraissent envieux, sont une conséquence absolue de l'observance des lois d'ordre; parce que les sacrifices supportés pour accomplir un devoir se changent en une satisfaction réelle, et ce sentiment intérieur, dont jouissent tous les hommes vertueux, compose la partie la plus essentielle de leur bonheur.

La religion propose, sans doute, à l'homme son propre bonheur pour but et pour dernier terme, mais comme ce bonheur est placé dans l'éloignement, elle nous y conduit par des sacrifices et des détachements passagers; elle traite avec la partie la plus sublime de nous-mêmes, celle qui nous détache des temps présents pour nous lier aux temps à venir ; elle nous présente des espérances qui nous attirent hors de nous-mêmes et de nos intérêts terrestres, dans le degré nécessaire pour ne pas être livrés, sans mesure, à l'impression désordonnée de nos sens et à la tyrannie de nos passions.

La morale purement politique, au contraire, nous concentre de plus en plus en nous-mêmes, en nous faisant comprendre que nous n'avons qu'un instant devant nous, et que, par conséquent, nous devons en profiter en nous livrant à toutes les jouissances que nous pourrons nous procurer. Aussi, tous ses partisans n'ont d'autre devise que celle-ci : *Manducemus et bibamus, cras enim moriemur,* mangeons et buvons, parce que nous mourrons demain. Avec de pareils principes, on ne peut arriver ni au bien ni au beau, idéal que tout homme doit poursuivre, parce que la grandeur et la beauté, en tout genre, tient à l'étendue des rapports que nous embrassons, et dans une pareille acception, lé sentiment et l'esprit sont soumis aux mêmes lois.

Ceux qui présentent les liens de la

religion comme indifférents, nous assurent qu'on peut se reposer du maintien de la morale sur quelques sentiments généraux dont nous avons contracté l'habitude, mais ils négligent de faire attention que ces sentiments tirent leur principale force, et presque leur descendance, de l'esprit religieux.

Lorsque nous étions encore enfants, notre mère, née et élevée elle-même dans les principes du décalogue, les insinua dans notre cœur, elle nous apprit à discerner le bien d'avec le mal, et elle déposa ainsi dans notre âme le trésor précieux de la conscience. De plus, elle nous initia aux mystères de la religion, elle nous fit connaître les choses invisibles en nous en montrant un reflet dans les choses visibles, et ainsi, dès l'aurore de notre vie, nous avons été faits des êtres moraux et religieux.

Mais transportez-vous en esprit dans tous les pays où le décalogue n'est pas la base de la législation civile; jetez un regard sur la conduite, les mœurs et les coutumes de leurs habitants, lisez les relations des voyageurs, et vous y verrez un vaste théâtre où plusieurs peuples sont les acteurs d'un drame horrible : des populations immenses s'agitent, se pressent et luttent à l'envi pour détruire ce que nous appelons la vertu, la raison et le respect des autres; elles amoncellent toutes les turpitudes, toutes les superstitions et toutes les folies.

Ne nous le dissimulons pas, si l'homme venait à se regarder comme un être enfant du hasard ou d'une aveugle nécessité, et ne tenant qu'à la poussière d'où il est sorti et à celle dans laquelle il doit entrer, il arriverait à se mépriser lui-même, et loin de s'élever à aucune pensée noble et vertueuse, il considèrerait cette sorte d'ambition comme une idée fantastique qui consume d'une manière vaine et illusoire une partie des courts instants qu'il doit passer sur la terre; toute son attention se fixerait sur la brièveté de la vie et sur le silence éternel qui doit l'environner.

Dès lors, il ne penserait qu'à jouir le plus qu'il pourrait de tous les instants de sa vie. Mais les plaisirs ne durent qu'un jour, et ils sont encore mélangés de bien des amertumes. Que deviendrait-on alors?

où trouverait-on le soutien et la consolation si nécessaires au malheur? Pauvre mère! pourquoi allez-vous le soir faire une prière et déposer une couronne sur la tombe de votre fille? Elle n'est plus là, le néant l'a engloutie pour toujours!... Oh! non, n'est-ce pas? Une voix plus forte que la foudre qui gronde dans la tempête, vous dit que votre fille n'est pas morte, et que vous la reverrez un jour.

Aussi, quand on voit des philosophes tracer d'une main habile le plan général de nos devoirs; quand on les voit fixer avec intelligence les obligations des citoyens les uns envers les autres, et donner ensuite pour unique base à cette législation l'intérêt personnel ou privé sacrifié à l'intérêt général ou public, on se rappelle le système de quelques philosophes indiens qui, après avoir étudié la marche des globes célestes, embarrassés pour déterminer la puissance qui soutenait la voûte du firmament, crurent avoir franchi cette difficulté en plaçant l'univers sur le dos d'un éléphant, et cet éléphant lui-même sur une tortue.

II

Voyons maintenant si les lois et la crainte des punitions seront des moyens assez puissants pour maintenir les hommes dans le devoir.

Il faut nécessairement passer par des idées communes pour avancer d'un degré dans la recherche de la vérité ; ainsi, nous devons d'abord rappeler ici que les lois pénales ne pouvant s'appliquer qu'aux délits connus et prouvés, cette première condition circonscrit infiniment leur empire ; cependant les crimes exécutés secrètement ne sont pas les seuls qui soient hors de la dépendance des lois, il faut encore mettre dans ce rang toutes les actions répréhensibles qui, faute d'un caractère distinct, ne peuvent jamais être signalées.

Le nombre en est prodigieux ; la dureté des parents, l'ingratitude des enfants, l'abandon inhumain de ses serviteurs, les trahisons en amitié, la violation des mœurs domestiques, la désunion semée au sein des familles, la légèreté des principes sur tous les liens de la société, les conseils perfides, les insinuations adroites et calomnieuses, l'exercice rigoureux de ses droits, la faveur et la partialité parmi les juges, leur inattention, leur paresse, leur dureté, la recherche des places importantes avec le sentiment de son incapacité, les flatteries corruptrices et mensongères adressées à ceux qui gouvernent, l'indifférence pour le bien public de la part des hommes d'Etat, leurs viles et pernicieuses jalousies, les dissensions politiques excitées pour se rendre nécessaire, les guerres ordonnées par ambition, l'intolérance couverte d'un faux zèle, enfin tant d'autres sentiments funestes que les lois ne peuvent ni suivre ni désigner, et qui ont déjà fait bien du mal avant de donner aucune prise à la censure publique.

On ne doit pas même désirer que cette censure passe certaines bornes, parce que le pouvoir appliqué à des fautes obscures, ou susceptibles de diverses interprétations, dégénèrerait aisément en tyrannie ; et comme il n'est rien de si fugitif que la pensée, comme il n'est rien de si intime que nos sentiments, il n'y a aussi qu'une puissance invisible et dont l'autorité semble participer à l'influence divine, qui ait le droit d'entrer dans le secret de nos cœurs.

Ce n'est donc qu'au tribunal de sa conscience que l'homme peut être interrogé sur une multitude d'actions et de volontés qui échappent à la surveillance des lois. Si nous renversions l'autorité d'un juge aussi actif et aussi éclairé, si nous l'affaiblissions volontairement, si nous étions assez imprudents pour nous reposer uniquement sur la discipline sociale pour le maintien de l'ordre dans la société, nous ne tarderions pas à nous en repentir.

C'est probablement parce qu'une telle autorité paraît absolument nécessaire au maintien de l'ordre public, que plusieurs écrits philosophiques essayent de l'introduire au milieu même de l'athéisme. On nous dit de rougir à nos propres yeux, de redouter nos reproches secrets, et d'être effrayés des condamnations que, dans le calme de nos pensées, nous prononcerons contre nous-mêmes ; mais ces sentiments, qui ont tant de force avec l'idée de Dieu, ne sont plus rien quand on a pour seul maître l'intérêt personnel le plus actif, et quand toutes les grandes communications établies entre les hommes par les idées religieuses sont tout à fait rompues ; la conscience n'est plus alors qu'une expression vide de sens et un mot inutile dans la langue.

On peut connaître les remords de l'esprit, c'est-à-dire le regret de s'être trompé dans la marche de son ambition, dans la conduite de ses intérêts, dans le choix des moyens qu'on a employés pour obtenir les égards et la louange des autres ; mais de tels remords ne sont qu'une exaltation de notre amour-propre. Nous divinisons, en quelque sorte, notre esprit, notre jugement, notre intelligence, et nous faisons comparaître ensuite toutes nos actions devant ces fausses idoles pour nous reprocher nos méprises et nos faiblesses ; nous nous tourmentons ainsi nous-mêmes volontairement ; mais quand cette persécution se prolonge trop longtemps, nous sommes les maîtres de repousser les pensées qui nous importunent.

Il n'en est pas de même des agitations de la conscience : le sentiment qui les fait naître n'a rien de composé ni de factice; et nous ne pouvons ni corrompre notre juge, ni entrer en accommodement avec lui; ce qui séduit les hommes ne les trompe jamais, et dans l'étourdissement de la prospérité, et dans l'enivrement des plus grands succès, ses regards inévitables sont fixés sur nous, et nous ne jouissons qu'avec frayeur des applaudissements et des triomphes que nous n'avons pas mérités.

On lit encore, dans plusieurs livres modernes, qu'avec de bonnes lois on aura toujours une morale suffisante; mais cette opinion ne saurait être adoptée.

L'homme est un être si composé, et ses rapports avec ses semblables sont si divers et si déliés, que, pour régler son intérieur et diriger sa conduite, il a besoin d'une multitude de sentiments, sur lesquels les lois n'ont aucune prise. Les lois ne demandent qu'une aveugle obéissance; et comme elles n'ordonnent ou ne défendent que des actions, et qu'elles sont indifférentes aux sentiments intimes des hommes, l'édifice moral qu'elles élèvent n'est, dans plusieurs parties, qu'une figure extérieure, une grosse charpente qui laisse des vides partout, un édifice commencé par le faîte.

La religion, au contraire, procède d'une manière tout à fait opposée ; elle pose sa première base au fond des cœurs, dans les replis de la conscience ; elle est dans l'intelligence des plus grands secrets de la nature ; elle sème en terre un grain, et ce grain s'y nourrit, s'y fortifie, et se transforme en de nombreux rameaux qui, sans aucun effort, s'élèvent et s'étendent dans toutes les dimensions, et sous toutes sortes de formes.

Mais, dans l'hypothèse même où la morale résultant de l'esprit des lois serait suffisante pour le maintien de l'ordre public, il serait hors du pouvoir des hommes de tirer de cette assimilation des enseignements familiers propres à former un code d'éducation ; car ces mêmes lois, simples dans leurs commandements, ne le sont pas dans leurs principes.

On n'aperçoit pas sur-le-champ pourquoi la vengeance la plus juste est interdite ;

pourquoi l'on n'a pas le pouvoir de se faire rendre son bien en recourant aux mêmes moyens dont un ravisseur a fait usage; pourquoi l'on n'a pas le droit de résister avec violence à l'oppresseur le plus tyrannique; enfin, pourquoi certaines actions, tantôt indifférentes en elles-mêmes et tantôt nuisibles aux autres, sont condamnées d'une manière uniforme et générale. Il faut nécessairement une sorte de combinaison pour découvrir que le législateur s'est écarté des idées naturelles, afin d'empêcher que personne ne fût juge dans sa propre cause, et d'éviter que les exceptions et les distinctions, dont chaque circonstance est susceptible, ne fussent déterminées par les seules lumières des divers membres de la société.

C'est de même par des motifs indirects, que les lois sévissent avec plus de rigueur contre un délit difficile à saisir que contre un désordre plus répréhensible en lui-même, mais dont les excès peuvent être facilement aperçus ; et elles observent encore une semblable règle à l'égard des crimes qui sont environnés d'un plus grand appât, quoique cette séduction même soit un motif d'indulgence aux yeux de la simple justice. Enfin, les lois, en adoptant des degrés de sévérité très divers pour contraindre les débiteurs à l'accomplissement de leurs promesses, ne se montrent occupées ni de la compassion due à des malheurs imprévus, ni d'autres motifs d'équité dignes d'un égal intérêt; toute leur attention s'est fixée sur le rapport des engagements avec les ressources politiques qui naissent du commerce et de ses transactions.

Il existe ainsi une multitude de défenses, de punitions ou de degrés dans les peines, qui n'ont de connexion qu'avec les vues générales de la législation, et nullement avec ce bon sens circonscrit qui détermine le jugement des particuliers.

C'est donc souvent par des considérations très étendues et très composées, qu'une action est criminelle ou répréhensible aux yeux de la loi. Par conséquent on ne saurait édifier, sur ces seules bases, un système de morale pour lequel chacun ne pourrait se former une conscience évidente; et puisque le législateur évite avec soin de rien soumettre à l'examen des individus, qu'il sacrifie souvent à ce principe la justice naturelle, comment voudrait-on, dans le même temps, nous donner pour règle de conduite une morale politique qui serait toute fondée sur le raisonnement?

On nous dira peut-être: tout ce qu'exige l'ordre public, tout ce qui importe à la société, c'est que les criminels ne puissent échapper au glaive de la justice, et qu'une surveillance attentive les découvre sous le voile où ils cherchent à se cacher. Il est inutile de rappeler les différents obstacles qui s'opposent à la plénitude de cette vigilance; chacun peut les reconnaître facilement et s'en former une idée. Toutefois, nous devons faire observer qu'en considérant la société dans son état actuel, les idées religieuses y ont diminué d'une manière très sensible la tâche des magistrats et du gouvernement. Si on n'avait plus pour guide que la morale politique, une scène toute nouvelle s'ouvrirait; ce ne serait plus alors un petit nombre d'hommes sans principes, qui troubleraient l'ordre public; des acteurs plus adroits s'en mêleraient, et les uns conduits par un raisonnement réfléchi, les autres entraînés par des apparences séduisantes, seraient sans cesse en guerre avec tous ceux dont la fortune exciterait leur jalousie. Alors seulement on connaîtrait combien les occasions de faire le mal sont nombreuses et diversifiées. Il arriverait encore que tous ces ennemis de l'ordre public, n'étant plus déconcertés par les agitations de la conscience, deviendraient de jour en jour plus expérimentés dans l'art de se soustraire aux regards de la justice ; et les dangers auxquels s'exposeraient les imprudents ne décourageraient pas les habiles.

Il est donc permis de dire que, si les lois viennent à bout de contenir les hommes dans le devoir, c'est parce qu'elles les prennent dans une constitution saine, et qu'elles les trouvent préparés par les instructions religieuses. Mais si un système d'éducation politique venait jamais à prévaloir, des précautions nouvelles et des chaînes nouvelles deviendraient absolument nécessaires ; et, pour avoir voulu nous affranchir des doux liens de la religion, on serait forcé d'accroître notre esclavage civil, et l'on ferait courber nos têtes sous le plus dur de tous les jougs, celui qui est imposé par nos semblables.

Les idées religieuses, dont on veut rejeter l'influence, sont plus appropriées qu'on ne pense au mélange singulier d'orgueil et de faiblesse qui compose notre nature ; et pour nous, tels que nous sommes, leur action est bien préférable à celle des lois pénales. Ce n'est pas devant des égaux armés d'un bras vengeur qu'elle fait comparaître un homme coupable ; ce n'est pas à leur ignorance ou à leur justice insensible qu'elle l'abandonne, c'est au tribunal de sa propre conscience que la religion le dénonce ; c'est devant un Dieu, maître du monde, qu'elle l'humilie, et c'est au nom d'un père tendre et miséricordieux qu'elle le relève.

Ah ! vous tous qui voulez tout rapporter à l'intérêt particulier et à la vengeance publique, vous voulez nous enlever à la fois, et notre consolation et notre vraie dignité ; laissez-nous donc distraire nos regards du spectre menaçant que tiennent en leurs mains les puissants de la terre ; laissez-nous compter avec Celui qui est plus grand qu'eux ; laissez-nous surtout nous adresser à Celui qui pardonne, à Celui qui, au moment où nous venons de l'offenser, nous permet de l'aimer et d'espérer sa grâce ! Ah ! sans l'idée d'un Dieu, sans ce rapport avec un Être souverain de l'univers et auteur de toute la nature, on n'aurait plus qu'à écouter les vils conseils d'une prudence personnelle, on n'aurait plus qu'à flatter, qu'à adorer ceux qui nous gouvernent. L'esprit, le sentiment, la dignité devraient fléchir devant ces dispensateurs de tant de biens et de tant de maux, parce que le but unique de notre existence serait le bonheur et le calme dans ce monde ; et quand une fois, tout serait incliné et prosterné, quand il n'y aurait plus de fierté dans le caractère, les hommes deviendraient incapables d'aucune grande action et impropres à la beauté morale.

Les idées religieuses ont le double mérite de maintenir dans l'obéissance due aux lois, et de nourrir au fond de nos cœurs un sentiment qui entretient le courage et qui rappelle l'homme à sa véritable grandeur ; elles lui apprennent à être soumis sans abattement, et elles l'empêchent surtout de s'humilier avec lâcheté devant des idoles passagères, en lui montrant de loin ce jour où tout doit rentrer dans l'égalité devant le Maître du monde. Rappelez à votre esprit la conduite de Thomas Morus devant Henri VIII, celle de Jean Chrysostome devant les envoyés de l'impératrice Eudoxie, de Mathieu Molé sur son bûcher, de Jeanne d'Arc devant ses juges, et de tant d'autres dont l'histoire a conservé les noms, en nous racontant l'héroïsme et la grandeur de leur caractère.

L'idée d'un Dieu, à une même distance de tous les hommes, sert encore à nous consoler de tant de supériorités choquantes sous la domination desquelles nous sommes quelquefois obligés de vivre. Il faut se transporter sur les hauteurs que la religion nous découvre pour considérer avec une sorte de calme et d'indifférence les frivoles prétentions des uns et l'orgueil assuré des autres, les injustices de ceux qui abusent de leur force imaginaire ou de circonstance; car tel objet de regret ou de colère qui paraît un colosse à notre imagination, se change en un grain de poussière quand nous le rapprochons du grand spectacle qu'une sublime méditation vient déployer à nos regards.

Ils sont donc bien aveugles ou bien indifférents à l'intérêt public, ceux qui veulent substituer aux enseignements de la religion des maximes toutes politiques et toutes mondaines ! Ils sont encore bien durs et bien insensibles, ceux qui croient pouvoir conduire les hommes par la seule terreur, et qui, en rejetant l'influence salutaire des idées religieuses, sont forcés de s'appuyer sur la hache des licteurs et sur l'appareil des supplices ; on peut enchaîner et meurtrir les corps, mais on n'enchaîne et on ne meurtrit pas les âmes !

Il faut avouer que c'est un bien triste système, car, en supposant que les différents moyens d'assurer la tranquillité publique fussent égaux dans leurs effets, on devrait préférer la religion qui prévient les crimes à la loi qui les punit.

Les idées religieuses ont encore une autre supériorité sur les lois : les lois ne sont armées que pour la vengeance, elles ne font que punir, elles ne récompensent jamais. Que peuvent en effet les lois pour le citoyen inconnu qui meurt à la tâche pour accomplir son devoir? Que peuvent-elles pour le soldat qui sacrifie volontiers sa vie sur le champ de bataille pour défendre sa patrie? Rien! la mort l'a frappé, et il a disparu dans le néant.

La religion nous impose des devoirs, il est vrai, elle nous menace si nous les violons; mais elle nous entretient des récompenses et des félicités qui nous attendent, et nous croyons qu'il est dans la nature de l'homme d'être animé plutôt par l'espérance que par la crainte, parce que le courage ou l'aveuglement détourne notre attention des dangers, tandis que les idées de bonheur sont toujours devant nos yeux et se mêlent pour ainsi dire à toute notre existence.

On nous opposera peut-être que ce n'est pas seulement des lois civiles et des lois pénales que l'on veut parler, quand on soutient que de bonnes institutions publiques remplaceraient efficacement l'autorité des idées religieuses. D'après certains esprits, il faudrait encore introduire des lois d'éducation, propres à modifier à l'avance les esprits et les caractères. On nous cite à l'appui de cette assertion l'exemple de Sparte, où l'Etat s'était emparé de l'éducation des citoyens, et les avait préparés par ce moyen aux mœurs extraordinaires dont l'histoire nous a fait le tableau. Mais le gouvernement, aidé dans cette entreprise par toute la puissance de l'autorité paternelle, ne s'était proposé que deux grands buts : l'encouragement des qualités militaires et le maintien de la liberté; il avait attaché peu d'importance à la morale, cette science qui a tant d'applications parmi nous; et il l'avait rendue moins nécessaire, en veillant par toutes sortes d'institutions sur la parfaite égalité des rangs et des fortunes, et en s'opposant à toute espèce de communications avec les étrangers. Du reste, ce fut une opinion religieuse qui soumit les Spartiates à l'autorité de leur législateur; et sans leur confiance à l'oracle de Delphes, Lycurgue n'eût été qu'un philosophe célèbre.

Aujourd'hui, nous sommes bien loin des

dispositions et des circonstances qui nous rendraient susceptibles d'être gouvernés par des lois d'éducation dont un esprit politique serait le seul appui ; il faudrait, pour en faire l'épreuve, nous diviser en petites associations, il faudrait, par un secret inconnu, opposer des obstacles invincibles à la destruction des unes et à l'accroissement des autres. Il faudrait encore nous garantir de toutes les aspirations et de tous les relâchements qui sont une suite inévitable de l'augmentation des richesses et de la perfection des arts et des lumières ; enfin, il faudrait tout à coup ramener l'homme à la simplicité primitive, pour le proportionner, en quelque sorte, à l'étendue limitée d'une éducation purement civile.

Nous devons ajouter qu'une semblable éducation ne pouvant s'adapter au peuple, il faudrait, comme à Sparte, le séparer des citoyens et le tenir en servitude. Dans un pays où règnerait l'esclavage, et où la classe la plus nombreuse de la société serait dominée par la crainte toujours présente des plus sévères châtiments, on pourrait se confier davantage au simple ascendant d'une morale politique, parce que cette morale, n'ayant à tenir en harmonie que la partie de la société représentée par les propriétaires, sa tâche serait infiniment circonscrite. Parmi nous, où tous les hommes, sans aucune distinction, sont égaux devant la loi, et où il faut nécessairement une autorité assez étendue, assez ferme et assez puissante pour maintenir tous les hommes dans le devoir, voyez si vous pouvez trouver une force plus puissante et plus universelle que celle qui résulte des idées religieuses.

Terminons cette seconde partie de nos observations par une pensée qui nous paraît très essentielle.

Supposons que les lois civiles aient une action assez générale pour arrêter et réprimer le mal, les idées religieuses auront encore sur elles l'immense avantage de commander seules les vertus bienfaisantes; examinez à fond l'état actuel des sociétés, et vous verrez qu'il est devenu impossible de se passer de ces vertus.

Il ne suffit pas d'être juste, quand les lois de propriété réduisent à un étroit nécessaire le plus grand nombre des hommes, et que le moindre accident vient déranger encore leurs faibles ressources. Ainsi, étant connues les inégalités extrêmes et établies par ces lois, on doit aujourd'hui considérer l'esprit de bienfaisance et de charité comme une partie constitutive de l'ordre social ; c'est lui qui, dans tous les lieux et dans tous les temps, adoucit par ses secours les excès de l'infortune ; c'est lui qui par une multitude innombrable de ramifications, répand comme un suc de vie sur des êtres abandonnés, qui sans cela tomberaient flétris par la honte et desséchés par la misère.

Si cet esprit de charité, véritable intermédiaire entre la rigueur du droit civil et les titres originaires de l'humanité, venait jamais à s'éteindre, on verrait peu à peu tous les liens de subordination se relâcher; et l'homme comblé des dons de la fortune ne se présentant jamais au peuple sous la forme d'un bienfaiteur, on sentirait plus fortement la grande étendue de ses privilèges, et on s'accoutumerait à les discuter.

Il faut donc, ou qu'on trouve le moyen de tempérer l'empire absolu de la propriété, ou qu'on rende hommage à la morale religieuse qui, par l'idée sublime d'un échange entre les biens du ciel et ceux de la terre, oblige les riches à donner ce que la loi ne peut leur demander sans devenir injuste et tyrannique.

La morale religieuse vient donc sans cesse au secours de la législation civile; elle parle un langage que les lois ne connaissent pas; elle échauffe la sensibilité qui doit devancer la raison elle-même; elle agit, et comme la lumière qui éclaire, et comme la chaleur intérieure qui anime, elle s'insinue partout; et, ce qu'on n'observe pas assez, c'est qu'au milieu des sociétés, cette morale est le lien imperceptible d'une multitude de parties qui semblent se tenir par leurs propres affinités et qui se détacheraient successivement, si la chaîne qui les unit venait jamais à se rompre.

III

Voyons enfin ce que nous pouvons attendre de l'ascendant de l'opinion publique.

Ceux qui veulent s'affranchir de toute religion disent que pour soumettre les hommes à l'observation de la morale, au respect de l'ordre public, et pour leur inspirer l'amour de la vertu, il y a deux puissants ressorts: c'est le désir de l'estime et de la louange, et ensuite la crainte du mépris de leurs semblables.

Nous allons voir quel est le degré de force de ces différents mobiles, et quelle est aussi leur véritable application.

Nous devons d'abord remarquer que l'opinion publique exerce son autorité dans un espace infiniment circonscrit; car elle est appelée particulièrement à juger les hommes dont le rang, les emplois et les travaux ont quelque éclat dans le monde. L'opinion publique est une approbation ou une censure exercée au nom de l'intérêt public; ainsi, elles doivent uniquement s'appliquer aux actions et aux discours qui touchent à cet intérêt d'une manière plus ou moins directe. Les mœurs domestiques et la conduite particulière de celui qui remplit dans la société des fonctions importantes, sont à la vérité soumises aux jugements et à la surveillance de l'opinion. Et il ne faut pas s'en étonner, puisque, dans une pareille circonstance, les principes de l'homme privé paraissent la caution ou le présage des vertus de l'homme public ; mais tous ceux dont les occupations se réduisent à recevoir ou à dépenser leurs revenus, tous ceux qui sont entièrement livrés aux distractions du monde et qui n'ont aucun rapport avec les grands intérêts de la communauté, deviennent indépendants de l'opinion publique, ou, du moins, ils n'éprouvent sa sévérité qu'au moment où, par de folles dépenses et par des prétentions inconsidérées, ils arrêtent les regards sur leurs démarches, et se montrent en spectacle.

Enfin les hommes, en si grand nombre, qui, par l'obscurité de leur état et la modicité de leur fortune, se trouvent perdus dans la foule, ne peuvent jamais redouter une puissance qui choisit toujours, hors des lignes, ses héros et ses victimes. Le peuple, caché sous le chaume ou épars dans les campagnes, doit être aussi indifférent aux lois de l'opinion publique que le sont aux rayons du soleil les ouvriers malheureux qui travaillent au fond des mines et qui passent toute leur vie dans ces ténébreux souterrains.

L'opinion publique ne récompense que les actions rares ; et chez un peuple de héros, au milieu d'hommes parfaits, elle n'aurait rien à donner.

L'opinion publique a besoin, pour décerner des couronnes, que les hommes paraissent avec éclat sur le théâtre du monde.

L'opinion publique exige presque toujours que les vertus soient accompagnées des talents et de la science, et c'est ainsi qu'elle devient le mobile et le germe des grandes choses. La morale religieuse, au contraire, n'impose jamais de conditions, elle rend la vertu commune, elle répand les plus grandes faveurs sur ceux qui méprisent la louange, et ses récompenses appartiennent également aux habiles, aux humbles d'esprit, comme aux génies élevés ; et c'est en animant également tous les hommes, et en excitant un mouvement universel, qu'elle concourt efficacement au maintien de l'ordre civil.

L'opinion publique ne jugeant les actions que dans leur maturité, ne tient aucun compte des efforts ; et, comme on ne découvre ses palmes qu'au moment où l'on s'approche du but, il faut, au commencement de la carrière, que chacun tire de ses propres forces son courage et sa persévérance. La morale religieuse, au contraire, est avec nous dès nos premiers sentiments ; elle accueille nos intentions, prend à gré notre simple volonté ; elle nous soutient dans nos déterminations ; elle nous accompagne dans nos tentatives, et comme elle rappelle sans cesse les hommes à ses récompenses, c'est à tous les instants, et dans toutes les positions, que les hommes peuvent éprouver son influence.

L'opinion publique ne distribuant que des biens, dont la principale valeur tient à des comparaisons, des contrastes et des rivalités, elle attire souvent sur ses favoris le souffle venimeux de l'envie, et l'on doute alors quelquefois du prix réel de ses bienfaits. La morale religieuse, au contraire, ne mêle aucune amertume à ses récompenses ; c'est dans l'obscurité qu'elle fait ses heureux; et comme elle a des trésors pour tout le monde, la part qu'elle accorde aux uns ne ravit rien aux autres.

L'opinion publique se méprend quelquefois sur ses jugements, parce qu'au milieu de cette vaste enceinte où son tribunal est élevé, elle a peine, souvent, à distinguer le véritable mérite et l'éclat qui le suit, des couleurs fausses de l'hypocrisie. La morale religieuse, au contraire, domine au fond des cœurs, elle y place un surveillant qui voit les hommes de plus près que par leurs actions, et qu'on ne peut ainsi ni tromper ni surprendre.

Enfin, il est des moments où l'opinion publique s'affaiblit, il arrive même quelquefois qu'elle devient lâche, et que, dominée par un esprit servile, elle cherche des torts aux opprimés, et qu'elle attribue de grandes pensées aux hommes puissants, afin de pouvoir, sans honte, abandonner les uns et célébrer les autres.

Ah! comme, dans ces moments, l'homme revient avec délices aux lois de la morale, à ces principes indépendants qui, en l'éclairant sur tout ce qui est digne d'estime ou de mépris, lui donne en même temps la force de sentir selon son cœur, et de parler selon sa conscience!

Donc, l'opinion publique, qui réunit tant de moyens pour exciter les hommes à des actions distinguées, et pour les élever même à de grandes vertus, ne peut cependant jamais être mise en parallèle avec l'influence universelle, constante et toujours égale de la morale religieuse, et avec les sentiments que cette morale peut inspirer aux hommes de tout âge, de tout état, et de tout genre d'esprit.

Nous venons de considérer l'influence de l'opinion dans ses développements généraux. Mais les hommes manifestent encore d'une manière particulière l'idée qu'ils ont conçue les uns des autres, et ce sentiment, qui prend alors le simple nom d'estime, tient à une connaissance déterminée du caractère moral de ceux avec qui on a des relations habituelles. L'estime, sous ce rapport, n'a pas l'éclat de l'opinion publique; mais comme chacun peut y prétendre, dans l'étendue du cercle où sa naissance et ses occupations l'ont placé, l'espoir de l'obtenir doit être compté parmi les grands motifs qui nous excitent à l'observation de la morale.

Cependant, si l'on supposait que cette estime fût entièrement séparée des idées religieuses, elle ne serait plus qu'un bien, comme tant d'autres, que chacun évaluerait à son gré; car tout ce qui vient uniquement des hommes ne peut jamais avoir qu'un prix relatif à nos connexions avec eux; ainsi, quelquefois l'estime d'une ou de plusieurs personnes dédommagerait de tel sacrifice, et souvent aussi ce sentiment de leur part paraîtrait d'une valeur inférieure à quelqu'autre objet d'ambition; en un mot, du moment que toutes les préférences et toutes les évaluations devraient être rapportées à un calcul, chacun, insensiblement, aurait son tarif, et la justesse de ce tarif dépendrait du degré du jugement ou de prévoyance de chaque individu.

Mais comment imaginer que la perfection de la morale pût jamais être assurée, quand elle dépendrait de comparaisons déliées, arbitraires, et dont la base serait changée sans cesse par la variété continuelle des circonstances et des situations de la vie?

Les motifs que présente la religiou sont d'un genre absolument différent; ce n'est pas par des calculs d'approximation qu'elle dirige les hommes, c'est à un intérêt dominant qu'elle les rappelle; c'est autour d'un fanal, dont les brillantes flammes se voient de toutes parts, qu'elle les rassemble; enfin, les règles qu'elle prescrit ne sont ni incertaines ni vacillantes, et les biens qu'elle promet ne sont pas susceptibles d'équivalent.

On peut dire encore que l'esprit personnel, après avoir comparé la jouissance de l'estime avec des plaisirs d'un genre différent, ne manquerait pas de supputer les chances qui peuvent donner l'espérance d'en imposer; et, au milieu de ces calculs embrouillés, la passion du moment serait presque toujours victorieuse.

D'ailleurs, qu'est-ce que l'estime des autres, pour cette classe nombreuse d'hommes que la misère isole?

Qu'est-ce qu'un sentiment dont l'effet n'est jamais prochain, pour ceux dont la vue est limitée au jour présent ou au lendemain, parce qu'ils ne vivent jamais que de ressources instantanées?

Tous les biens qui tiennent aux récompenses de l'opinion, sont un billet à terme, dont il faut pouvoir attendre l'échéance éloignée; ce n'est qu'avec de la réflexion et de la science qu'on en connaît la valeur; et l'ignorance de la plus grande partie d'une nation la rendra toujours inhabile à ces sortes de combinaisons.

Si, des hommes du peuple, nous jetons nos regards sur ceux qui composent les classes de la société les plus élevées, nous hasarderons une réflexion d'un genre différent: c'est que le pays où on a l'espoir d'obtenir les marques les plus éclatantes de distinction, et où l'opinion publique a la puissance d'exciter les héros, les grands administrateurs, les hommes de génie dans tous les genres, n'est pas celui où les devoirs de la vie privée sont le mieux connus et le plus respectés.

Les hommes, en se réunissant pour célébrer avec éclat les grands talents et les grandes actions, considèrent avec plus d'indifférence les mœurs et les habitudes des particuliers; ils se font un beauté idéale, composée de tout ce qui tient à la célébrité de leur patrie, à l'honneur et à la puissance de leur nation; et en s'accoutumant à tout rapporter à ces intérêts, ils deviennent d'une indulgence extrême sur les vertus communes, et quelquefois même 'ils décident que les rares qualités de l'esprit en dispensent absolument.

D'ailleurs, si la gloire peut servir de récompense aux travaux les plus assidus et aux privations les plus pénibles, il s'en faut bien que les sentiments tempérés de l'estime puissent dédommager ceux qui les obtiennent du sacrifice de leurs passions; il s'en faut bien que ces sentiments puissent donner la force de résister aux séductions multipliées que les espérances de l'ambition et les chances de la fortune développent à nos regards. Et cette considération acquiert plus de force au milieu d'un pays où, parmi les distinctions dont la seule faveur est l'origine, il en est qui attirent tant d'hommages, qu'elles ressemblent presque à la gloire elle-même.

Enfin, l'estime des hommes, au moment même où ce sentiment semble le plus étranger à la morale religieuse, ne reçoit pas moins d'elle sa première vie et sa principale force.

En effet, quelle est la valeur conventionnelle qu'ont, au milieu de nous, les diverses expressions du sentiment de l'estime? C'est une idée distincte des devoirs de l'homme, et une notion du bien moral aussi générale que bien arrêtée. Or, aucune de ces conditions ne peut être remplie sans le secours des idées religieuses, puisque la liaison de l'intérêt particulier à l'intérêt public, le seul fondement des vertus de notre composition, est, ainsi que nous l'avons démontré, un système imparfait et susceptible d'une multitude d'exceptions ou d'interprétations arbitraires.

Il faut donc que nos obligations sociales soient fixées d'une manière authentique, si l'on veut que nos jugements et les sentiments que nous accordons soient un indice réel du rapport de la conduite des hommes avec la perfection morale. Mais, si cette perfection n'était déterminée que par des conventions humaines, si elle était dépouillée de la majesté dont les idées religieuses la revêtent, l'opinion publique et le sentiment d'estime qui font le gage et l'empreinte du beau moral, perdraient insensiblement de leur prix; ils rappelleraient alors ces monnaies dont on voudrait vainement conserver la valeur courante dans le commerce, après en avoir altéré sensiblement ou le poids ou le titre; car l'essence de la morale et le respect qui lui est dû viennent non pas des considérations politiques, mais des sublimes motifs que la religion nous présente.

Pour que l'opinion publique n'imite pas les fonds cotés en bourse qui montent et descendent suivant que la fortune publique est à la hausse ou à la baisse, il faut soumettre les hommes à une opinion dominante, car toutes les fois qu'on veut commander fortement à l'imagination des hommes, il faut les captiver par une seule idée, une seule autorité, un seul objet d'intérêt. La perfection, en ce genre, c'est le choix du principe qui doit être unique, et dont les conséquences doivent s'étendre à tout.

Or, les idées religieuses remplissent admirablement ce but ; ce sont elles qui affermissent l'opinion publique, et qui, plus ou moins obscurément, dirigent et contiennent ses divers rameaux.

On arriverait bientôt à raisonner subtilement sur le prix qu'on doit mettre aux sentiments d'estime, si l'expression de ces sentiments ne s'unissait pas, dans notre pensée, à quelque chose de plus grand que le jugement des hommes ; et si une sainte vénération pour la vertu n'était pas imprimée de bonne heure au dedans de nous par une éducation religieuse, l'on éprouverait qu'en voulant tout fonder sur des calculs mondains, ces mêmes calculs détruiraient tout ; et la morale ayant une fois perdu son grand appui, on essaierait en vain de la soutenir par l'échafaudage des lois et par les vains efforts d'une opinion qui n'aurait plus de guide. Voyez ce que sont devenues et l'opinion publique et l'estime des hommes chez les peuples anciens et modernes où le décalogue a cessé d'être la base de la législation. Les uns, dominés par les inclinations mauvaises de leur nature et affranchis des liens de la morale, de la famille et de la religion, se sont livrés et se livrent encore à toutes les horreurs, sans crainte et sans remords. Sous les plus légers prétextes, des tribus entières se mettent en guerre, et les vainqueurs se nourrissent de la chair palpitante des malheureux vaincus. Les mères prennent avec dédain les enfants nouveaux-nés qui les importunent, et, de leurs propres mains, elles les jettent dans un égout, ou bien elles les donnent en pâture à des animaux immondes; et personne ne s'en étonne, parce que cela est passé dans la morale publique.

D'autres sont un peu plus avancés dans la civilisation, mais ils ne sont ni moins barbares ni moins cruels. Chez eux, le père chargé d'une famille trop nombreuse se fait le meurtrier de ses enfants; les enfants, à leur tour, égorgent leurs vieux pères pour les débarrasser des infirmités et des misères de la vieillesse; l'épouse est forcée de s'immoler sur le tombeau de son époux. Leur cruauté paraît jusque dans le culte public rendu à leurs divinités. Pour éloigner les fléaux destructeurs, pour apaiser la colère des dieux, ils immolent des victimes humaines; des tribus entières ne naissent et ne grandissent que pour être sacrifiées tour à tour à leurs dieux cruels, et ces dieux sont un tronc d'arbre, un bloc de pierre, ou la secrète horreur des forêts; c'est leur morale, et ils s'y conforment.

Il en est d'autres, enfin, qui, sans se livrer à toutes ces horreurs, ont cependant la dureté dans leurs lois, l'extravagance dans la morale et le despotisme dans le gouvernement. Chez eux, le caractère de la famille est méconnu; de là les mauvaises mœurs, l'abandon des enfants et l'oppression du sexe le plus faible. Le chef de la famille n'est pas un époux, mais un maître violent et grossier; il n'est pas un père, mais un bourreau qui dispose à son gré de la liberté et de la vie de sa femme et de ses enfants. La mère, cet ange du foyer domestique chez les nations chrétiennes, ne connaît que l'humiliation et le sacrifice, parce qu'elle est considérée, non pas comme la compagne et l'amie de l'homme, mais comme une esclave destinée à être le jouet d'un maître violent et grossier. Lès lois sont telles, les usages sont ainsi établis, et il ne vient à l'idée de personne que tout cela soit contraire à la morale (*).

Voyez les Romains sous Auguste. Quel peuple fut jamais gouverné par des lois plus sages et plus sévères? Quel peuple eut plus d'éducation et plus de lumières,

(*) A l'appui de cette assertion, voici un colloque qui eut lieu entre un marabout ou prêtre des musulmans, et un capitaine français tenant garnison en Afrique, il y a à peine 12 ans. Le capitaine et le marabout vivaient en relations d'amitié, et ils se visitaient souvent. Or, un jour le marabout vint dire au capitaine que, le lendemain, il ne pourrait le voir, parce qu'il était obligé de s'absenter. En qualité d'ami, le capitaine lui demanda si son absence durerait longtemps. — Non, lui dit le marabout, je vais seulement à la foire qui se tient non loin d'ici, j'ai des objets à vendre, et puis je dois acheter une femme. — Le capitaine, étonné, lui dit : Mais, marabout, que feras-tu de celle que tu as déjà? — Et celui-ci répondit avec le calme d'un homme qui est convaincu d'être dans le vrai : — Mais celle que je mènerai étant plus jeune, remplacera l'autre qui devra la servir. — Eh bien! lui dit le capitaine, si tu étais en France, ce que tu vas faire serait une chose affreuse, condamnée par l'opinion publique et punie par les lois. — Le marabout prit congé de lui en souriant, et en lui disant que les mœurs de la France étaient fort extraordinaires.

et cependant, qu'étaient devenues l'opinion publique et la société à cette époque? L'homme était devenu si vil aux yeux de l'homme, qu'on le tuait pour égayer les festins et les jeux publics, et personne ne s'en étonnait. Sous divers empereurs, douze cent mille personnes périrent par la dent des tigres ou par la hache du bourreau, sous le seul prétexte qu'elles pratiquaient la religion chrétienne.

Titus, proclamé par les annales publiques de l'époque les délices du genre humain, voulant célébrer la fête de Vespasien, son prédécesseur, fit dévorer trois mille Juifs par les bêtes féroces. L'empereur Claude présida lui-même un combat de dix-neuf mille hommes, forcés de s'égorger les uns les autres pour amuser le peuple, qui applaudissait avec frénésie, quand les victimes se débattaient dans l'arène, en proie aux dernières étreintes de l'agonie. Les victimes elles-mêmes s'y prêtaient avec une résignation stupide, elles ne se souvenaient plus qu'elles avaient le droit de vivre, et se courbant lâchement dans la poussière pour adorer une dernière fois le dieu César qui commandait leur supplice, elles s'écriaient en passant devant son trône : *Ave, Cæsar, morituri te salutant.* Salut, César, ceux qui vont mourir te saluent.

Tout cela vous étonne. Eh bien, aujourd'hui, en plein XIXe siècle, semez la doctrine du néant dans les masses, persuadez au peuple qu'il n'y a pas de Dieu, pas de religion, pas d'autre autorité que celle du plus fort, et vous verrez ce que pourront les lois, l'honneur, l'éducation et les lumières.

A la fin du siècle dernier, notre nation brillait au milieu de l'Europe, on voyait dans son sein la beauté de la législation, la politesse, les mœurs, et les chefs-d'œuvre de l'art, des lettres et des sciences. Pour réformer quelques abus, résultat de l'époque et de la faiblesse des hommes, quelques sophistes persuadèrent au peuple que les préceptes qu'il avait reçus de ses pères, que les doctrines tutélaires qui l'avaient élevé si haut, n'étaient que des fables, et aussitôt cette nation si douce, si polie, si aimante, fut saisie d'un affreux esprit de haine qui la poussa à sa propre destruction. Lasse de Dieu, lasse d'autorité, lasse d'elle-même, elle brisa tout, renversa tout, et ne laissa après elle que le cahos, la désolation et la mort. Lisez les annales de l'époque, et vous sentirez votre sang bouillonner dans vos veines à la vue de toutes les atrocités qui furent commises alors.

Il y a dans les archives nationales un décret émanant du comité de salut public, et ordonnant la construction d'un égout sur la place du Trône, destiné à recevoir le sang des citoyens que la justice du peuple immolait tous les jours sur l'échafaud, parce que la quantité qui était répandue tous les jours était si grande, que, faute d'écoulement, elle devenait un foyer d'infection dangereux pour la santé publique. Quelle dérision! parler de santé publique, quand l'élite de la nation périssait sur l'échafaud, dans les noyades, et sur le champ de bataille!

De nos jours encore, quelques ambitieux, pour arriver aux honneurs et aux places lucratives sans travail et sans efforts, persuadèrent au peuple que la religion était l'ennemi, qu'elle était un obstacle à son bonheur. « O peuple bien-aimé, lui disaient-ils, regarde ton passé, il est triste et sombre. Eh bien! nous nous allons te donner un avenir brillant et radieux. Derrière toi, c'était l'esclavage, la souffrance et la misère; encore un coup de ton bras, et tu auras la liberté, la richesse et le plaisir. » Et aussitôt les multitudes s'agitèrent, se pressèrent et suivirent en aveugles ces agitateurs; et tandis que les otages étaient massacrés, tandis que les défenseurs de l'ordre social étaient tués lâchement dans des guet-apens, tandis que Paris était en flammes, eux disparaissaient dans la foule, et semblables à Néron contemplant du haut d'une colline l'incendie de Rome qu'il venait de faire allumer, ils regardaient avec une satisfaction mêlée de rage les massacres, les brasiers, les lâchetés et les infamies.

Reconnaissons donc tout ce que nous devons de bonheur aux idées religieuses, qui, en nous attirant sans cesse vers l'avenir, semblent vouloir sauver, de l'instant présent, la partie la plus pure de nous-mêmes ; elles sont, sans que nous l'apercevions, l'enchantement du monde moral ; et s'il était possible que par de froids raisonnements on parvînt à les détruire, une triste mélancolie s'allierait à la plupart de nos pensées, et il semblerait qu'un linceul funèbre aurait pris la place de ce voile transparent à travers lequel s'embellit à nos yeux le spectacle de la vie.

Sans doute, il y aurait encore quelque charme dans ces jours de la jeunesse, où les plaisirs des sens se pressent davantage et remplissent à eux seuls un si grand espace ; mais quand les passions sont tempérées par l'âge ou par l'habitude, quand les forces sont abattues par la vieillesse ou attaquées à l'avance par la maladie, enfin, lorsque le temps est arrivé, où les hommes sont contraints de chercher dans les sensations morales le principal aliment de leur bonheur, que deviendraient-ils, si l'on dissipait d'autour d'eux ces opinions et ces espérances qui tantôt les encouragent et tantôt les consolent, et si l'on affaiblissait ainsi cette imagination active qui vivifie tous les objets auxquels la prévoyance peut atteindre?

Si jamais l'idée d'un Dieu, ce premier appui de toutes les idées religieuses, était détruite; si dès l'enfance de l'homme on ne présentait à sa réflexion que des considérations mondaines, aussi passagères que lui; et si, en le rabaissant de bonne heure à ses propres yeux, on s'appliquait à étouffer le sentiment intérieur qui l'avertit de la spiritualité de son âme, — découragé par les premiers principes de son éducation, ralenti dans tous les mouvements qui portent en avant sa pensée, ses regards se tourneraient en arrière : le passé, lui rappelant une perte irréparable, captiverait toute son attention; et son esprit, au milieu des temps, ne serait plus dans l'équilibre nécessaire pour jouir du moment présent. Enfin, ce moment, qui n'est en réalité qu'une fraction imperceptible, ne paraîtrait presque rien à nos yeux, s'il n'était pas uni, dans notre pensée, au nombre inconnu des jours et des années qui sont encore devant nous. C'est donc parce qu'il n'y a rien de limité dans les idées de bonheur et de durée, dont les idées religieuses nous pénètrent, que notre imagination n'est jamais forcée de se replier sur elle-même, et qu'elle se perd d'une manière insensible dans l'immensité de l'avenir.

En suivant le cours d'un fleuve, si un vaste horizon se présente à nos yeux, nous n'arrêtons pas nos regards sur les bords sablonneux des rives que nous côtoyons ; mais si la chute du jour ou le changement de site resserre l'horizon et limite nos regards, notre attention se fixe sur les plages arides que nous foulons aux pieds, et c'est alors seulement que nous remarquons toute leur sécheresse et leur stérilité. Il en est de même de la carrière de la vie.

Quand les grandes idées de l'infini élèvent nos pensées et nos espérances, nous sommes moins affectés des peines et des ennuis qui sont semés sur notre passage.

Au contraire, si une ténébreuse philosophie vient obscurcir notre perspective, notre attention est ramenée tout entière sur les objets qui nous environnent, et nous découvrons alors trop distinctement le vide et l'illusion des satisfactions dont notre nature morale est susceptible.

Une jeune personne, belle victime du monde, était sur son lit de douleur, et elle allait mourir à l'âge de vingt ans. A ses côtés se trouvaient son père, sa mère, ses frères et ses amies. Tous pleuraient autour d'elle, tandis qu'elle luttait doucement en proie à l'agonie; il y avait là aussi un prêtre, et lui, il priait. Tout à coup, elle se dresse sur son lit, se jette au cou de sa mère, en disant: « Je ne veux pas mourir! Je t'en conjure, mère chérie, retiens-moi dans tes bras, je ne veux pas mourir!... » Et les sanglots retentissent de toutes parts. Alors le prêtre prend la croix, la présente à la jeune mourante, et lui dit: « Ma fille, la vie de ce monde n'est qu'un rêve pénible, il y a là-haut un monde meilleur, le Seigneur vous y appelle; là vous attendrez votre père, votre mère, vos frères, vos amis; et quand vous les aurez reçus, vous jouirez ensemble d'un bonheur sans mélange et qui n'aura d'autre terme que l'éternité. » A cette douce voix, la jeune fille se calme, dit un dernier adieu à ses parents et à ses amis, et elle s'endort doucement dans le sein du Dieu qui est l'objet de ses espérances.

Qu'on réfléchisse donc avec attention sur les diverses conséquences qui seraient la suite funeste de l'anéantissement des opinions religieuses ; ce ne serait pas une seule idée, une seule perspective que les hommes perdraient, ce serait encore l'intérêt et le charme de tous les désirs et de toutes les ambitions.

Il n'y a rien d'indifférent, lorsque nos actions et nos desseins peuvent s'allier, de quelque manière, à un devoir ; il n'y a rien d'indifférent, lorsque l'exercice et la perfection de nos facultés paraissent le commencement d'une existence, dont le dernier terme nous est inconnu. Mais quand ce terme s'offrirait de toutes parts à notre vue, quand nous y toucherions à tout moment, aucune force d'illusion ne pourrait suffire pour nous défendre d'un triste découragement.

Cela est surtout vrai de l'humanité moderne, chez qui le christianisme a développé le sentiment et le besoin de l'infini, en lui en révélant le véritable objet. Alfred de Musset a rendu cette vérité par ces beaux vers :

Si mon cœur, fatigué du rêve qui l'obsède,
A la réalité revient pour s'assouvir,
Au fond des vains plaisirs que j'appelle à mon aide,
Je trouve un tel dégoût, que je me sens mourir.
Aux jours mêmes où parfois la pensée est impie,
Où l'on voudrait nier pour cesser de douter,
Quand je possèderais tout ce qu'en cette vie,
Dans ses vastes désirs, l'homme peut convoiter :
Donnez-moi le pouvoir, la santé, la richesse,
L'amour même, l'amour, le seul bien d'ici-bas !
Que la blonde Astardé qu'idolâtrait la Grèce,
De ses îles d'azur sorte en m'ouvrant les bras ;
Quand je pourrais saisir, dans le sein de la terre,
Les secrets éléments de sa fécondité,
Transformer à mon gré la vivace matière,
Et créer pour moi seul une unique beauté ;
Quand Horace, Lucrèce et le vieil Epicure,
Assis à mes côtés, m'appelleraient heureux ;
Et quand ces grands amants de l'antique nature,
Me chanteraient la joie et le mépris des dieux,
Je leur dirais à tous : — Quoi que nous puissions faire,
Je souffre, il est trop tard ; le monde s'est fait vieux.
Une immense espérance a traversé la terre :
Malgré nous, vers le ciel il faut lever les yeux !

L'Espoir en Dieu.

Paris. — Imp. Soussens et Cie, 51, rue de Lille.

www.ingramcontent.com/pod-product-compliance
Ingram Content Group UK Ltd.
Pitfield, Milton Keynes, MK11 3LW, UK
UKHW012054240726
13965UKWH00003B/1276